Christian Morgenstern
Ein Sommer

Christian Morgenstern

Ein Sommer

Verse

Mit einem Nachwort von Dietmar Jaegle

RECLAM

2023 Philipp Reclam jun. Verlag GmbH,
Siemensstraße 32, 71254 Ditzingen
Umschlaggestaltung: Philipp Reclam jun. Verlag GmbH
nach einem Konzept von zero-media.net
Umschlagabbildung: Bridge in the Mountains –
© borojoint/depositphotos
Druck und buchbinderische Verarbeitung:
Friedrich Pustet GmbH & Co. KG,
Gutenbergstraße 8, 93051 Regensburg
Printed in Germany 2023
RECLAM ist eine eingetragene Marke
der Philipp Reclam jun. GmbH & Co. KG, Stuttgart
ISBN 978-3-15-011446-9

Auch als E-Book erhältlich

www.reclam.de

Inhalt

Der's gehört

Der Waldbach rauscht Erinnerung …
An so viel traute Stätten meines Lebens
erinnert mich sein nächtliches Gespräch.

Und wie ich so, den Kopf vergraben, sitze,
da bricht ein Born von Tränen in mir auf
und rauscht mit ihm unhörbar durch die Nacht.

Mir ist, als flösse dieser Bach da draußen
ein heimlich Bette in mir selbst herab
und spülte nun den lange trocknen Grund
zu neuem sonderbaren Leben auf;
wie Moos und Flechte legt's gelöste Arme
in sein Gefäll, wie klein und große Kiesel
befreit es sich und läuft mit ihm des Wegs; –
mir ist, ich spürte, wie die Welle wühle
und nichts mehr fest und sicher in mir sei,
und fühle mich beunruhigt hingegeben
in eines wunderlichen Spiels Gewalt.

Was fragst du viel! Du hast in diesem Bach
des Lebens selber eingeschränktes Bild.
Des Werdens-Stromes Brausen hörst du nicht,
der Bach, der kleine, findet erst dein Ohr;
und lag die Welt dir gestern starr und still,
so redet sie dir heut aus seinem Mund
von ihres Flusses nimmermüder Flucht,
so hat sich die waagrechte Ebene,
die sie dich gestern dünkte, heut geneigt –
und rauschend reißt der Stunden Fall dich mit.

Blickfeuer

I.

Du kennst der Küste rege Leuchtturm-Feuer,
die schlaflos ewig wache Wimpern heben,
als seien es des Schicksals Augen selber,
die ruhlos auf der Dinge Wandel rollen, –

Und stehst vielleicht so selber vor den Dingen,
sie immer wieder groß und fragend messend,
indes des Weltmeers ewig gleiche Woge
zu deinen Füßen ihre Rätsel brandet …

II.

Und dann sind noch andre Feuer,
die mit unbewegter treuer Güte
durch das Dunkel schauen,
wie wohl Augen stiller Frauen
flehn: aus schwankenden Bezirken
komm, im Heimischen zu wirken.

Vogelschau

Begriffst du schon ein Wunder wie dies eine,
dass die Erde um die Sonne fliegt?
O Nacht, vor deinem Sternenscheine
liegt all mein Menschliches besiegt …

Ein riesenhafter Erdkloß kreist
unaufhörlich um ein großes Feuer:
Da gebiert die Scholle Geist –:
der Mensch wird, Zwerg und Ungeheuer, –

Und ruft, Ausschlag der Bodenrinde,
Erd und Himmel tönend an –
und spielt sein Spiel in Weib und Mann …
gleich einem ewigen Kinde …

Ja, Kinder-Spiel ist, was da ist,
das sagt dir jede stille Nacht,
und nur dein tiefes Kind-Sein macht,
dass du noch weiter fröhlich bist.

Zum Leben zurück!

Zum Leben zurück!
Verwechsle mir nicht Weg und Ziel!
Wohl ist auch Wandern Glück,
doch leicht wirst du der Füße Spiel.

Mit deinem Erreisten
siedle dich bei Zeiten an,
und strebe zu leisten,
was fördern kann.

Maimorgen

So mag sich wieder blinde Nacht
zum reinsten Morgen klären,
sich Lebensglück aus Lebensmacht
in neuem Glanz gebären.

Der Nebel flieht, als ob er Ried
und Wald auf ewig flöhe,
und meine Seele ist das Lied
der Lerchen in der Höhe.

Selige Leichtigkeit

Keine ›Verse‹! Singend Leben,
wie es aus den Bächen tönt!
Ward dir innrer Reiz gegeben,
nun, so quillt es schon verschönt.

Deine Meißel, deine Feilen
habe nun im Blut gelöst,
und so lass denn talwärts eilen,
was die muntre Welle flößt.

Rhythmenselig, bogenspringend,
liebe Lockung Aug und Ohr,
alles mit zu tanzen zwingend,
ströme, schwimme, süßer Flor!

Abend-Trunk

So tritt man abends an den Rand
des Brunnens, wenn die Sonne sinkt,
und schöpft sich mit gewölbter Hand
und trinkt und trinkt –

wie wenn ich deinem Zaun vorüber
wandre und dein Köpfchen nickt ...
ein Wort herüber und hinüber –
wie das erneut, wie das erquickt!

Dagny

Wenn dieses zarte Glühen
in deine Wangen strahlt,
als wie den frühsten frühen
Himmel ein erster Schimmer malt,
da fühl ich erst, wie rein du bist,
welch feine klare Schale
voll unberührtem Wein du bist,
bestimmt zum höchsten Mahle
der Erde.

D. (norweg.) = Erstes Frühlicht.

An solch einem Vorabend der Liebe –
du weißt noch nicht, was da werden wird,
aber dein Herz ist so süß bewegt,
in den reinen Abend so aufgelöst …
großer Sonne, die rot
hinter die blauen Berge sinkt,
trinkst du träumend dein Glas nach …
und die gedämpfte Musik,
die du von fröhlichem Volk
fernher hörst,
spinnt dich nur tiefer ein …
und du fühlst,
wie ein anderes Haupt
leis deiner Schläfe sich schmiegt
und mit dir hinausträumt
aus braunen geliebten Augen …
und du schließest die deinen
und sitzest so lange,
ganz still und vergessen;
und dann stehst du auf
und küssest ein paar
geschenkte Blumen
und vergräbst dein Gesicht ganz
in schmeichelnde Blüten …
An solch einem Vorabend der Liebe …

Oh, um ein Leuchten deiner Augen alles!
Hör mich! Ein Märchen –. Als der alte Gott
noch jung in seinen Gärten wandelte,
da fand er einst auf einer Wiese sie
in leichtem Schlummer reizend hingestreckt.
Und wie er überwältigt steht, die Arme
noch zum zerteilten Busch zurückgebreitet,
erwacht sie von dem Brechen eines Zweigs
und hebt der Wimpern seidnen Silberwurf
und träumt den ersten großen Blick ihm zu.
Und wie der Herrliche nun näher eilt
und vor ihr kniet, da geht ein Rätselleuchten
aus ihrem Aug, wie wenn in Wogenschleiern
sich das Geheimnis einer Meergrundsonne
verhüllen wollte und sich doch verriete …
Und sieh, um dieses Leuchten schuf Gott alles,
was ist, – der Sterne schimmernde Girlanden –
der Völker Legion, den Tag der Liebe
durch ewige Äonen wiederholend –
und dich und mich – und alles Glück und Elend
von Ewigkeit zu Ewigkeit –! – Du lächelst!
Oh, um dies Leuchten deines Lächelns alles!

Brausende Stille,
wie lieb' ich dich,
wenn du nicht ganz mich
überwältigst,
deutender Phantasie
noch Raum gewährend.
Liegt mein Ohr
an der Muschel Unendlichkeit?
Rauscht das Meer des ewigen Seins
daraus?
Oh, dann rauscht
auch ihr, auch ihr Blut mit,
brandet bis an mein Herz,
wie meins an ihrs!
Brausende Stille,
wie lieb' ich dich,
die du mich
mit der fernen Geliebten
so zart vereinigst.

Dich zu singen
wie ein liebes, trautes Lied,
so oft ich wollte! ...
Oder dein Aug
aus dem Ring meines Fingers
dunkeln zu sehn,
fraglich, wechselnd,
und immer geliebt! ...
Das Leben ist plump wie ein Klavier –
(nicht mehr, nicht minder) –
ach, dass es die feine, biegsame,
singende Geige wäre,
die ich zu oft mir
in Träumen baute
und spielte!

Von den heimlichen Rosen

Oh, wer um alle Rosen wüsste,
die rings in stillen Gärten stehn –
oh, wer um alle wüsste, müsste
wie im Rausch durchs Leben gehn.

Du brichst hinein mit rauen Sinnen,
als wie ein Wind in einen Wald –
und wie ein Duft wehst du von hinnen,
dir selbst verwandelte Gestalt.

Oh, wer um alle Rosen wüsste,
die rings in stillen Gärten stehn –
oh, wer um alle wüsste, müsste
wie im Rausch durchs Leben gehn.

»Das Wunder ist …«

Vom Hang nach Einsamkeit erfasst,
verstürm' ich mich in dir, Natur,
hin auf nur mir vertrauter Spur,
ein schlechter Menschengast.

Und träumend mal' ich mir im Schreiten,
wie's plötzlich sich aus Büschen biegt –
und sie zu tausend Zärtlichkeiten
mir in die Arme fliegt.

Lebensbild

Schwankende Bäume
im Abendrot –
Lebenssturmträume
vor purpurnem Tod –

Blättergeplauder –
wirbelnder Hauf – –
nachtkalte Schauder
rauschen herauf.

Volksweise

Da waren zwei Kinder, jung und gut,
aber ihr Blut
floss gar schnelle.
Sie lachten sich zu,
da warf ihre Ruh
die erste harmlose Welle.

Doch jeden Tag warf sie eine mehr,
bis gar wild hin und her
Wogen wallten.
Da ging es zum Sterben,
gradaus ins Verderben –
sie konnten ihr Herz nicht halten.

Ich saß, mir selber feind wie nie,
vor der gelassnen großen Nacht
und schrie
mich aus in ihren schwarzen Schacht.

Da kam's zurück, wie Hauch zurück:
»Wo bist du, Kind? Was willst du, Kind?
Mein Auge ist von Sternen blind.
Was nennst du Schmerz? Was nennst du Glück?

Wachse, wie du musst,
und welkst du, geht es schnell dahin.
Das Leben hat nur Deinen Sinn.
Aber ewig bleibt dir meine Mutterbrust.«

Segelfahrt

Nun sänftigt sich die Seele wieder
und atmet mit dem blauen Tag,
und durch die auferstandnen Glieder
pocht frischen Bluts erstarkter Schlag.

Wir sitzen plaudernd Seit' an Seite
und fühlen unser Herz vereint;
gewaltig strebt das Boot ins Weite,
und wir, wir ahnen, was es meint.

Seht in ihrem edlen Gange
dieses jugendfrische Kind,
leuchtend Aug, erwärmte Wange,
und sein Löckchen holt der Wind.

Wie die Füße schön sich setzen
ohne Scheu und Ziererei,
reißet ihr das Kleid in Fetzen,
und sie wandelt dennoch frei,

wandelt all in ihrer Reinheit
sonder Arg in Tat und Wort,
und betrogene Gemeinheit
wendet sich betroffen fort.

Nun streckst du die schlanken Glieder
aufs reine Lager hin;
müde fallen die Lider,
doch mein Bild blieb darin.

Du fühlst ein süß Genügen,
als wär' ich selber nah;
und schon mit gleichen Zügen
liegst du ruhend da.

Sie an ihn

Dies nur Dir verdanken wollen
alles Guten, alles Schönen,
dies an deine immer vollen
Geberhände sich gewöhnen! …

Wie du meinen Willen wandelst,
meine Seele nach dir bildest,
und so weisest und so mildest
mich in alledem behandelst!

Schweigen im Walde

Da ging ich heut im Walde wo,
da war's so still, so still, – o so –,
dass, als ich mir
das Herze nahm
zu sagen: O wie still ist's hier!
nur Flüstern mir vom Munde kam.

Waldkonzerte …

Waldkonzerte! Waldwindchöre!
Düstres Solo strenger Föhre –
Tannensatz nach tiefem Schweigen –
heller Birken Mädchenreigen –

Buschgeschwätze – Gräserlieder –
Blätterskalen auf und nieder – –
wenn ich euch nur immer höre –
Waldkonzerte! Waldwindchöre!

Leichter Vorsatz

So jedem Tag, der leichten Schritts enteilt,
ein Liederveilchen in die Locken werfen,
dass, wenn ihn abends Dämmerung umfängt,
ihre Hand liebkosend ihm
die kleine Blume aus den Haaren wirrt
und sie ihm zeigt – und er – staunend lächelnd
nicht sagen kann, woher sie dahin kam –
und beide so mit Lächeln auf sie schaun –!

Farbenglück

Ist nicht dies das höchste Farbenglück:
Birkenlaub in Himmelblau gewirkt?
Doch schon winkt ein graublau Felsenstück,
dunklen Epheus sprunghaft überzirkt.
Und schon sinkt mein Blick in grüne Wiesen
und in Wasser und in weißen Dunst –
und ich weiß nicht, wem von allen diesen
schenk' ich meine Gunst und meine Kunst …

Der Hügel

Wie wundersam ist doch ein Hügel,
der sich ans Herz der Sonne legt,
indes des Winds gehaltner Flügel
des Gipfels Gräser leicht bewegt.
Mit buntem Faltertanz durchwebt sich,
von wilden Bienen singt die Luft,
und aus der warmen Erde hebt sich
ein süßer, hingegebner Duft.

Auf leichten Füßen

So sein heitres Gleichgewicht
allem mitzuteilen,
in des Abends liebem Licht
leicht dahinzueilen –

Eine wilde Rose wo im
Vorübergehn zu küssen,
und dem stillen Walde so
sich gestehn zu müssen –

Wieder dann aus Luft und Licht
seidne Verse fangend,
nur sein heitres Gleichgewicht
auszuruhn verlangend –!

Genügsamkeit

Ich brauche nur den Duft der Welt,
die ganze Welt zu haben,
ich hab mein' Sach' auf nichts gestellt,
gleich manchem leichten Knaben.

Du lächelst mir, so wird mir gut,
als wärst du ganz mein eigen,
und aus der Seele Mutterflut
die süßesten Lieder steigen.

Gute Nacht

Nebel lag überm Land,
und die Bäume rauschten so sacht,
da gab mir deine liebe Hand
ihr erstes süßes ›Gutenacht‹.

Und ich dann noch in den Nebel ging –
und die Bäume wühlten in meinem Sinn –
und ich bebte und redete vor mich hin –
und mein Auge voll Tränen hing.

Heimat

Nach all dem Menschenlärm und -dust
in dir, geliebtes Herz, zu ruhn,
so meine Brust an deiner Brust,
du meine Heimat nun!

Stillherrlich glänzt das Firmament
in unsrer Augen dunklen Seen,
des Lebens reine Flamme kennt
kein Werden und Vergehn.

Schwalben

Schwalben, durch den Abend treibend,
leise rufend, hin und wieder,
kurze rasche Bogen schreibend,
goldne Schimmer im Gefieder –.

Oh, wie möcht' ich dir sie zeigen,
diese sonnenroten Rücken!
Und der götterleichte Reigen
müsste dich wie mich entzücken.

Holde Ungerechtigkeit

Holde Ungerechtigkeit
jeder seligen Sekunde,
die da spricht: Zu keiner Zeit
hingst du so dem Glück am Munde! ...

Doch indem wir dies so denken,
kommt's von Herzensgrunde:
Alle wollt' ich gern verschenken,
hing' ich ihr am Munde.

Wie mir der Abend das Grün der feiernden
                    Tannen vergoldet
und noch mit leuchtendem Rot drunter die
                    Stämme beglückt!
Irgendwo zwitschern und zwitschern noch kleine
                    beseligte Meisen;
fernher, fernhin rollt selten ein spätes Gefährt,
oder es schlägt die Flut des Strands verborgene Zeile,
wenn ein Dampfer sie jäh rauschenden Buges
                    verdrängt.
Aber da schaudert es plötzlich – die Sonne versank
                    hinter Bergen,
und in das hohe Gewölk eilt nun der purpurne Glanz.
Farblos steht nun der Wald, allein die Gewässer,
                    sie strahlen
lang noch das rötliche Blau mächtig entloderter
                    Luft …
Also sah ich einmal noch um Mitternacht
                    rosige Schimmer
in des umschwiegenen Fjords zitternder
                    Spiegelung ruhn.

Was möchtest du noch einmal sehn,
wenn du einst tot bist?

Ein Stückchen Wald
im Vormittagsonnenglanz –
rötlich flimmerndes Zittergras,
auf schlanken, durchsichtigen Stielen
im harzigen Winde fächernd –
über seiner unendlichen Anmut
ein Zirkel Azur
mit zwei weißen Wölkchen –
ein Eichhorn,
von Tanne zu Tanne springend –
und einmal den Schatten
eines ziehenden großen Vogels …
So etwas wünscht' ich noch einmal zu sehn,
wenn ich einst tot bin.

Hochsommerstille

Das sind die stillen Tannen des August,
die stehn so unbewegt den ganzen Tag;
und wenn du nachts im lauen Fenster liegst,
aufstarren sie an blasser Himmelswand,
wie mit Asphaltbraun mächtig hingesetzt.

Weiter Horizont

Das ist's, was mich hier so entzückt:
Diese unbedingte Weite,
dieser Horizont in Tief' und Breite
verschwenderisch hinausgerückt.

Wasser-Studie

Dieses Blitzen auf der Bläue –
dass ich's bildlich näher bringe –
ist wie weißer Schmetterlinge
unentwirrbares Gebräue.

Eine Nacht

Sah ich schon je so finstre Nacht?
Da ich sie, Freund, dir schildern will,
such ich nach Worten selbst umsonst, so sehr
füllt Finsternis mich selber ganz und gar.

Es rauscht der Wind –

Es rauscht der Wind in den hohen Bäumen …
Tief unter ihm ich und mein Wort.
Es rauscht der Wind in den hohen Bäumen …
Er rauscht meine Seele mit sich fort –
   Nirwâna zu.

Abwehr und Bitte

Bin ich schmerzlich, bin ich's nur mir selber;
denkt, o denkt, die Erde ist so reich!
Eine Träne macht das Laub nicht gelber,
fasst es, Freunde, nicht so tragisch gleich!

Müsst das Leben nicht so wichtig nehmen,
wenn es euch die herbe Seite zeigt,
aber wann euch Glück die Schale neigt –
oh, so adelt mir das süße Schemen!

Vergebliches Warten

Du kommst heut nicht – –.
Ich schaue auf den Busch,
er seine schlanken Zweige herbstlich sträubt,
und wie die Heide rötlich mich umschwankt,
und wie die Landschaft sich in Abend hüllt, –
und reiße mir ein Büschel Heide aus,
von jener Stelle, da du sitzen solltest.
Du kommst heut doch nicht – –.
Und so will ich heim.

Das Gebet

Erst schuf mir dein Geständnis Schmerz:
Ich bete jede Nacht für dich.
Bald aber sprach's in mir, dass ich
nicht ungetröstet bliebe:
Was ist denn solch Gebet, o Herz,
als eine Form der Liebe!

Nachtwind

Wenn der Abend düster dunkelt
und der Nachtwind sich erhebt,
nur die Lampe bei dir funkelt,
einzig Licht, das um dich lebt; –

denn die Sterne sind verhangen,
und die Hütten schlafen schon, –
fühlst du mit verhaltnem Bangen
dunkler Mächte dunkles Droh'n.

Und Du schiebst das Buch zurücke,
weichend aus gewohnter Spur,
suchst geschlossnen Augs die Brücke
zur dich rufenden Natur.

Wie's aus schwarzen Tiefen brauset,
seufzend schwillt und wieder fällt;
wie's dann wieder lange pauset
und der Bach sich schadlos hält!

Plötzlich stößt der Sturm den Flügel
deines Fensters zürnend zu, –
trotzig schließest du den Bügel;
draußen herrscht erschrockne Ruh.

Und dann schüttelst du mit Einem
dich des Schauders wieder frei,
wendest wieder dich zu Deinem,
und der Zauber ist vorbei.

Margerite

Du standst vor einem Blumenglas am Fenster
und legtest deine Hand
mit einer schönen
unendlich gütigen Bewegung
um eine Margerite,
ihr von unten her
den Blätterkreis mit der
gekrümmten Hand
verengend
und sie mit einem Seufzer –
mir wenigstens erschien es so –
und voller Liebe anblickend,
dass ich empfand,
dass zwischen dir und jener Blume sich
Geheimnis stiller Zwiesprache
verberge. –
Und wie ich heute selbst
das gleiche Spiel,
mein selber lächelnd, treibe
und ›mit Schmerzen‹ ende, –
lächle ich nicht mehr –
und denke jenes Abends an dem Fenster
und jener traurig-gütigen Gebärde.

Wind und Geige

Drinnen im Saal eine Geige sang,
sie sang von Liebe so wild, so lind.
Draußen der Wind durch die Zweige sang:
Was willst du, Menschenkind?

Drinnen im Saale die Geige sang:
Ich will das Glück, ich will das Glück!
Draußen der Wind durch die Zweige sang:
Es ist das alte Stück.

Drinnen im Saale die Geige sang:
Und ist es alt, für mich ist's neu.
Draußen der Wind durch die Zweige sang:
Schon mancher starb an Reu.

Der letzte Geigenton verklang;
die Fenster wurden bleich und blind;
aber noch lange sang und sang
im dunklen Wald der Wind …

Was willst du, Menschenkind …

Lied

Wenn so der erste feine Staub
des Sommers auf die Blätter fällt –
dann ade, du Frühlingswelt!
Dann ade, du junges Laub! –
Ach, wie sterben die Frühlinge schnelle!

Wenn erst das Auge sich versöhnt
mit all dem Grün und Weiß und Rot,
da beginnt des Frühlings Tod,
da versommern wir verwöhnt …
Ach, wie sterben die Frühlinge schnelle!

Und dann schauen wir vom Hügel,
wie das Land sich müde sonnt …
Leblos steht ein Mühlen-Flügel,
wie ein Kreuz, am Horizont – –.
Ach, wie sterben die Frühlinge schnelle!

Wandernde Stille

Wie die Stille übers weite Wasser hergewandert
                    kommt –!
während Tages letzte Rosenglut verglimmt,
                    verschwimmt.
Wie die Stille übers weite Wasser hergewandert
                    kommt –!
während schwärzlichen Gebirgen düsterroter Mond
                    entflammt.
Wie die Stille übers weite Wasser hergewandert
                    kommt –!
Zornig schreit im tiefen Wald ein Vogel –
                    und verstummt.
Wie die Stille übers weite Wasser hergewandert
                    kommt –!

Mächtige Landschaft

Vor dem blassen Dämmerhimmel,
den Gewölke, grau verworren,
fast schon jetzt zu Nacht verdunkeln,
steh ich, wie ich mich vom Armstuhl,
drin ich grad ein wenig ruhte,
aufgehoben, mit vom Schlafe
noch nicht ganz befreiten Augen.

Und das ungeheure Bild der
Landschaft, das mich so auf einmal
trifft, wie sie den Flügel ihrer
Wolken in die Nacht vorausreckt,
Wasser, Wälder, Berge so im
Schoß des eignen Schattens tragend,
hält mich lang noch wie im Traume.

Sturmnacht

Das ist eine Nacht! eine Wacht!
Das Meer, es rauscht nicht mehr, es rollt …
Alle Sturmdämonen stehen im Sold
dieser Nacht.

Unheimlich weiß durch die Dämmerung
leuchtet der Strand –;
des Wolkenbruches rasendem Sprung
ächzt Fenster und Wand –.

Das ist eine Nacht! eine Schlacht!
Da wird wohl mancher Mast zu Spott …
Die Natur kennt keinen Gott
in solcher Nacht.

Die Stimme

Eine junge Mutter singt
eintönig ihrem Kind,
ihr Sinn in ferne Zeiten rinnt,
voraus, zurücke dringt, –
und mit dem Liede spielt der Wind …

und trägt's zu mir,
und trägt's zu dir,
dass es uns selber rührt und regt,
als säng' sie's dir,
als säng' sie's mir,
und laut in uns das Herze schlägt, –
als säng', was wir geworden sind,
die Mutter dort eintönig
zum Wiegen in den Wind.

Ein andermal

Wie die junge Stimme singt,
mild und mütterlich!
Ihre stille Güte bringt
Frieden über mich.

Junger Frühlingserde Lust
singt in zarter Nacht
so aus eines Vögleins Brust
Blüten-Wiegenwacht.

Junge Stimme, sing und sing
alle Sorgen ein, –
Lebensring an Lebensring
wird sich treulich reihn.

Mit geschlossenen Augen

S' ist wohl verlaufen Blut, das so
in meinen Ohren zirpt und schwirrt – –.
Mir ist, ich ging' im Süden wo,
von dichten Reben überwirrt –

Vielleicht im Tal der Sarca, wo
der Fuß durch Meilen Weinland irrt
und Grillenvolks Unisono
aus hundert Gärten silbern sirrt.

Tal der S., mit Arco, Gardasee.

Vormittag am Strand

Es war ein solcher Vormittag,
wo man die Fische singen hörte;
kein Lüftchen lief, kein Stimmchen störte,
kein Wellchen wölbte sich zum Schlag.

Nur sie, die Fische, brachen leis
der weit und breiten Stille Siegel
und sangen millionenweis'
dicht unter dem durchsonnten Spiegel.

›Dich‹

Was möcht’ ich wohl vom weiten Sein
jetzund alleinziglich?
Ich fass’ es in drei Zeichen klein:
d i ch.

Spruch zum Wandern

Empfange mich, du reine Luft,
und gib mir deine Kraft;
vertilge, was in mir an Gruft,
und nähre, was da schafft!

Dass ewig neuen Blutes Strom
verjüngten Adern kreise
und erdenmütterlich Arom
noch fernste Träume speise!

Vormittag-Skizzenbuch

I.

Ein Pferd auf einer großen Wiese
in der Morgensonne stehend, –
nur die Ohren
und den langen vollen Schweif bewegend, –
drunter ein breiter schwarzer Strich,
sein Schatten.

II.

Wie sich der Weg hier
den Hügel hinabwirft –
dann sich ein Weilchen verschnauft –
dann wieder
langsam,
bedächtig,
den nächsten hinaufsteigt!

III.

O du glückselig zitternd Espengrün
vorm wasserblauen Firmament –
und ihr daneben, feierliche Fichten,
der Zweige schwere dunkle Zotteln
kaum bewegend!

IV.

Ein Schmetterling fliegt über mir.
Süße Seele, wo fliegst du hin? –
Von Blume zu Blume –
von Stern zu Stern –!
Der Sonne zu.

V.

Vögel im Wald – –.

Niemand nennt sie,
niemand kennt sie.

Was das wohl so erleben mag
den lieben langen Tag!

Da geh ich unter ihnen hin
mit Bärenschritt und Bärensinn – –

Ja, wenn ich noch ein Mädchen wär –!
Vögel im Wald – –

VI.

Auf den Höfen ringsum
läutet es Mittag.
Läutet's auch Mittag –
in mir? …

Ich seh' eine Glockenblume
neben mir blauen:
mit neun offnen Glocken
und drei noch verschlossnen.

Die läute für mich mit,
nun, da es rings
auf den Höfen
den Mittag läutet.

Der Wind als Liebender

Der monddurchbleichte Wald
liegt totenstumm.

Da kommt ein Wind
von ferne sacht gewandelt,
hoch über seine tausend Häupter her.

Die Espe neben mir, die merkt's zuerst
und gibt sich zitternd hin.

Und weiter eilt,
als wie ein Liebender sein Mädchen sucht,
der sachte Wind.

Nun rauscht der Waldrand drüben
jenseits der Wiese auf.

Und wieder stehn
die mondlichtbleichen Stämme
totenstumm.

Meer am Morgen

Herrlich schäumende Salzflut
im Morgenlicht,
die tiefen Bläuen
in weißen Stürzen auskämmend,
hin
über grünere Seichten
zur Küste stürmend –
aus-rollend dich nun,
die Felsen hochauf umleuchtend!
Metallgrün
stehen die runden rauschenden Büsche
vor deinen fernher schwärzlichen Böen,
und rötlich milchige Wolken
strecken sich lang
in den zärtesten Himmel
darüber.

Abend-Skizzenbuch

I.

Leuchtroter Berberitzenstrauch
hängt sonnenbraunen Fels herab,
an dessen Fuß, ein blauer Gast,
mein eigner Schatten, schauend, ruht.

II.
(Unio mystica.)

Zwei Farben nur:
Der stählern-blaue Fjord,
die nachtviolen-blauen Höhen um ihn,
und drüber
wolkenloser rosenblasser
Abendhimmel.

Herbst

Zu Golde ward die Welt;
zu lange traf
der Sonne süßer Strahl
das Blatt, den Zweig.
Nun neig
dich, Welt, hinab
in Winterschlaf.

Bald sinkt's von droben dir
in flockigen Geweben
verschleiernd zu –
und bringt dir Ruh,
o Welt,
o dir, zu Gold geliebtes Leben,
Ruh.

Anhang

Erster Schnee

Der Fjord mit seinen Inseln liegt
wie eine Kreidezeichnung da;
die Wälder träumen schnee-umschmiegt,
und alles scheint so traulich nah.

So heimlich ward die ganze Welt ...
als dämpfte selbst das herbste Weh
aus stillem, tiefem Wolkenzelt
geliebter, weicher, leiser Schnee.

Wintermondnächte

I.

Der Mond tritt über die Eichen
und wandelt die Äcker im Schnee
mit seinem geisterbleichen
Schimmer in einen weiten See.

Tiefdunkle Wälder säumen
den regungslosen ein,
und hoch aus blassen Räumen
tropft Sternensilberschein.

II.

O fühle mir die bleiche Glut
des Mondes dich umfließen!
Du musst die Augen schließen –
und nun nur lauschen,
was die Flut
des fernen Bachs dir Liebes tut
mit ihrem Märchenrauschen.

III.
(Die Ski-Läufer.)

Mondnacht über Markt und Gassen –
Mondnacht in der Brust der stillen –
und ein alles Lebens Willen
grenzenlos Gewährenlassen –.

An geheimnisvollen Hängen –
auf noch ungestapften Matten –
unter Tannen-Feiergängen –
zwischen Silberlicht und Schatten –.

Plötzlich durch den Wald herunter:
jugendjubelnd, fackelnkreisend
rascher Bursch' und Mädchen bunter
Schwarm im Sturm zu Tale gleisend – –.

Ruf und Gruß … und wieder Schweigen –
zauberweißes Märchenspinnen –
und ein in dein tiefstes Sinnen
Glück und Glanz sich nieder Neigen.

Waldgeist

Was ist das für ein Klagelaut
im totenstillen Winterwald –
ganz nahe bald, ganz ferne bald –
dass es mich schier ein wenig graut?

Ich bleibe stehn und horche lang –.
Ein Schweigen, tiefer als das Grab.
Und weiter setz' ich meinen Stab, –
und wieder klagt die Stimme bang.

Bis ich entdecke, es ist just
mein Stock, von dem dies Singen geht,
wenn meine Hand ihn unbewusst
im feuchten Schnee der Straße dreht.

Und weiter, wie der Weg mich weist,
verfüg' ich mich nach kurzer Rast
und fühle mich nun selber fast
als dieses Walds verwunschnen Geist.

Der Traum

Es war ein süßer Traum
von Dir, –
was, weiß ich kaum.
Doch seine Süßigkeit
blieb mir
den ganzen Tag, –
dass, als mein Schlittengleis
zur Abendzeit
die Straße lief,
da deine Wohnung lag,
der Heide, ich,
ein leis
›Gott segne dich‹
als jenes süßen
Traumes letztes Grüßen
rief.

Wie vieles ist denn Wort geworden

Wie vieles ist denn Wort geworden
von all dem Glück, das mich durchdrang!
Von all den seligen Akkorden
ach, nur ein schwacher, flacher Klang.

Und doch! Wie würde sich's erlauschen,
war keinem Tag sein Lied vergällt?
Selig eintönig, wie das Rauschen
des Baches, der vom Felsen fällt.

Zu dieser Ausgabe

Dieser Ausgabe liegt zugrunde:

> Christian Morgenstern: Ein Sommer. Verse. Berlin:
> S. Fischer, 1900.

Die Texte wurden der modernen Orthographie behutsam angeglichen.

Nachwort

Christian Morgenstern lebte als Dichter und Zeit-
genosse in mehreren Welten. Er wurde am 6. Mai 1871
in München geboren, vier Tage vor dem Ende des
Deutsch-Französischen Kriegs, und starb am 31. März
1914 in Meran, wenige Monate vor dem Ausbruch des
Ersten Weltkriegs.

Morgensterns Vater, ein nicht unbegabter Land-
schaftsmaler, vererbt dem Sohn seine Künstlernatur,
doch dessen Schulbildung vernachlässigt er. Nach
dem frühen Tod der Mutter 1881 – sie stirbt an jenem
Lungenleiden, das auch Morgensterns Schicksal sein
wird –, schickt der Vater den empfindsamen Christian
auf ein Internat, später, nach einer zweiten Heirat,
aufs Gymnasium in Breslau. Hier lernt Morgenstern
den Freund seines Lebens kennen: Friedrich Kayßler,
später ein bekannter Schauspieler. In seiner Schulzeit
verfertigt Morgenstern historische Trauerspiele und
scherzhafte Verse – Letztere finden weitaus mehr An-
klang.

1893 zwingen seine empfindliche Lunge und ein
chronischer Katarrh Morgenstern nach zwei Semes-
tern Studium der Nationalökonomie zu einer Auszeit.
Das ärztliche Gebot »Schonung, Schonung, Schonung«
wird zum Basso Continuo seines Lebens. Der not-
wendige Genesungsaufenthalt in Davos bleibt dem

Sohn verwehrt, da der Vater ihn nicht finanzieren kann – und die von Freunden angebotene Geldspende als Almosen ablehnt.

Seine persönlichen Neigungen, die fragile Gesundheit und fehlende finanzielle Unterstützung durch den Vater machen aus Morgenstern einen meist mittellosen Bohemien und freien Literaten. 1894 zieht er nach Berlin, wo er als Lektor, Dramaturg und Zeitschriftenherausgeber arbeitet und u. a. mit Kayßler, Max Reinhardt und Alfred Kerr im Austausch steht. 1897 beauftragt ihn der Verlag S. Fischer mit der Übersetzung der Versdramen und Gedichte Henrik Ibsens. Aber zuerst muss Morgenstern Norwegisch lernen. Er meistert schließlich beides: die norwegische Sprache und die dichterische Sprache Ibsens. Als er 1898 nach Oslo reist, hat er bereits diverse Dramen Ibsens übersetzt, darunter *Peer Gynt*. Er trifft den als mürrisch geltenden Dichter persönlich – und Ibsen, der viele Jahre in Deutschland gelebt hat, lobt ihn für seine Übersetzungen. Morgensterns Haltung gegenüber Ibsen bleibt hingegen ambivalent: »I.[bsen] ist in der That der persönliche Ausdruck jenes ›Grauenvollen‹, wovon er schreibt; er zieht an und stösst ab.«[1]

1 Christian Morgenstern an Efraim Frisch, 24. 2. 1902, in: Ch. M., *Werke und Briefe, kommentierte Ausgabe*, Bd. 7: *Briefwechsel 1878–1903*, hrsg. von Katharina Breitner, Stuttgart 2005, S. 595.

1905 erscheinen Morgensterns *Galgenlieder*. Drei Verlage hatten das Manuskript abgelehnt, zu schräg fallen seine Verse zwischen die Gedichte der Zeit. Trotz Häme und Unverständnis seitens mancher Kritiker wird der Band für den Verlag Cassirer zum Erfolg, bald kommt es zu Neuauflagen. Heute zählen die Gedichte aus den Galgenliedern und den Bänden *Palmström* (1910), *Palma Kunkel* und *Der Gingganz* (beide postum 1916 bzw. 1919) zum kleinen Bestand großer deutscher humoristischer Verse. Damals konnte Morgensterns Standpunkt noch provozieren: »Die Galgenpoesie ist ein Stück Weltanschauung. Es ist die skrupellose Freiheit des Ausgeschalteten, Entmaterialisierten, die sich in ihr ausspricht. [...] Man sieht vom Galgenberg die Welt anders an, und man sieht andre Dinge als Andre.«[2]

Den Winter und das Frühjahr 1905/06 verbringt der kranke Morgenstern in einem Sanatorium in Birkenwerder bei Berlin. Dort erfährt er »innere Wandlung, das Erwachen schlummernder Erkenntnisse, seelischer Erlebnisse: der Mystiker rang sich in ihm durch«.[3] Diesem ›anderen‹, ernsthaften und tiefsinnigen Mor-

---

2 Christian Morgenstern, *Alle Galgenlieder*, Stuttgart 2019, S. 10.
3 Martin Beheim-Schwarzbach, *Christian Morgenstern in Selbstzeugnissen und Bilddokumenten*, Reinbek bei Hamburg 1964, S. 91.

genstern begegnet man u.a. in den Gedichtbänden *Einkehr* (1910) und *Wir fanden einen Pfad* (1914).

Morgensterns geistige Suche und die damit verbundenen Erfahrungen haben ihn offen gemacht für die wichtigste Begegnung seines Lebens: Im Juli 1908 lernt er bei einem Kuraufenthalt im Südtiroler Bad Dreikirchen Margareta Gosebruch von Liechtenstern kennen. In unzähligen Briefen, die erkennen lassen, dass er in Margareta die ersehnte Seelenverwandte gefunden hat, wirbt Morgenstern um sie. Margaretas Mutter ist von der sich anbahnenden Beziehung ebenso wenig erfreut wie Morgensterns Vater, der über Jahrzehnte ungut durch das Leben des Sohns gewittert. Das Paar bleibt nach Margaretas Abreise persönlich und brieflich im steten Gedankenaustausch – und heiratet schließlich 1910 in Meran.

Während der vier Ehejahre bis zu Morgensterns Tod haben sie einen gemeinsamen Weggefährten: Rudolf Steiner. Die selbstbewusste Margareta, Tochter eines preußischen Generals, hörte im Januar 1909 in Berlin einen Vortrag Steiners und wurde bereits im April Mitglied der Theosophischen Gesellschaft. Das Ehepaar Morgenstern reist, wo immer möglich, zu Steiners Vorträgen, seine Ideen begeistern sie beide. 1913 wird in Stuttgart eine Feier für Morgenstern veranstaltet: Marie von Sievers, Steiners spätere Frau, trägt aus seinen Werken vor. Morgenstern kann nicht dabei sein, er ist zu schwach. Der todkranke Dichter aber schreibt noch in einem seiner letzten Briefe: »Kein wahrhaft freier Mensch kann krank sein. Und was mich betrifft, so mögen's meine Werke von der ersten bis zur letzten Zeile bezeugen.«[4]

Morgenstern stirbt im Beisein seiner Frau einen ruhigen Tod. Seine letzten Worte sprach er im Schlaf »langsam und bestimmt: ›Der Husten ist vierdimensional‹ – ›Die Heilung kann nur aus dem Geiste kommen.‹«[5]

Seinen Nachnamen hätte Morgenstern selbst nicht besser erfinden können, verweist dieser doch auf die mittelalterliche Totschlagwaffe (und damit auf Morgensterns Galgen-Humor) und zugleich auf das hellste vor Sonnenaufgang hervortretende Gestirn (und damit auf sein lebenslängliches Interesse an Geist und Kosmos). Morgenstern verbindet literarische Stile und Epochen, Humor und tiefen Ernst.

Mit den Versen der damals bekanntesten Lyriker haben Morgensterns Gedichte nicht viel gemeinsam. Prägende Stimmen im Konzert der deutschsprachigen Ly-

---

4 Christian Morgenstern an Unbekannt, 22. 1. 1914, in: Ch. M., *Werke und Briefe, kommentierte Ausgabe*, Bd. 9: *Briefwechsel 1909–1914*, hrsg. von Agnes Harder, Stuttgart 2018, S. 876.
5 Michael Bauer, *Christian Morgenstern. Leben und Werk*, Stuttgart 2014, S. 415.

rik um die Jahrhundertwende waren u. a. Hugo von Hofmannsthal, Stefan George und Rainer Maria Rilke, aber auch Richard Dehmel und Detlev von Liliencron, der sich mit zahlreichen Gedichtbänden ab 1883 einen Weg von der Neuromantik in den Naturalismus bahnte.

Fünf Jahre liegen zwischen Morgensterns erster Veröffentlichung, dem Gedichtband *In Phanta's Schloss* (1895) und Morgensterns Gedichtsammlung *Ein Sommer*, die 1900 im renommierten S. Fischer Verlag Berlin erschien. Erst weitere fünf Jahre später erschien mit den grotesk-humorigen *Galgenliedern* das Werk Morgensterns, das bis heute gemeinsam mit *Palmström* und *Palma Kunkel* das bekannteste geblieben ist und seinen Ruf als Humorist begründete. Dass Morgenstern auch ganz andere Töne anzuschlagen vermochte, beweisen die Gedichte in *Ein Sommer*.

Nach dem lapidaren Titel samt dem schlichten Untertitel *Verse* wird es mit der Widmung konkret: »Der's gehört«. Doch wem gehören denn die Verse der Sammlung? Im Mai 1898 war Morgenstern nach Norwegen aufgebrochen, um an seiner Ibsen-Übersetzung zu arbeiten – und verliebte sich dort in die schwedische Fabrikantentochter Dagny Fett. *Ein Sommer* ist also ein Buch mit Liebesgedichten, die weitgehend in der Reihenfolge ihres Entstehens abgedruckt sind, was den Band auch zu einer Art lyrischen Tagebuchs macht. Womöglich gelten Dagny Fett auch noch einige Gedichte in Morgensterns nächstem Gedichtband, *Und aber ründet sich ein Kranz* (1902), obwohl Morgenstern die Beziehung bereits im Mai 1899 gelöst hatte.

Ende 1898 hatte Morgenstern der Freundin Marie Goettling die Verse in *Ein Sommer* bereits so angekündigt: »Meine nächste Lieder-Sammlung, diesmal vorwiegend *Lieder*, wird ein Intermezzo wie ein Stück blauer Himmel bilden.«[6] Doch enthält *Ein Sommer* letztlich nicht nur einfache Liedstrophen, sondern auch Versuche, den Versen mehr Freiraum zu lassen – und ein Gedicht in klassischen Hexametern (*Wie mir der Abend das Grün der feiernden Tannen vergoldet*).

Der Lyriker und Publizist Ludwig Jacobowski hat Morgensterns *Ein Sommer* bald nach Erscheinen begeistert besprochen: »Ein kleines Buch und eine große Gabe […]. Überall wird und blüht Poesie, wo der Dichter hinsieht.« Wer Morgensterns lyrisches Spätwerk kennt, wird Jacobowskis Lob fast prophetisch nennen: »immer schlichter wird seine Kunst, immer ehrlicher ihr Ausdruck«.[7]

Dietmar Jaegle

---

6 Christian Morgenstern an Marie Goettling, 26.11.1898, in: Ch. M., *Werke und Briefe, kommentierte Ausgabe,* Bd. 7: *Briefwechsel 1878–1903,* hrsg. von Katharina Breitner, Stuttgart 2005, S. 456.

7 *Die Gesellschaft. Münchener Halbmonatschrift für Kunst und Kultur* 16 (1900), H. III , S. 121.

Verzeichnis der Gedichttitel und -anfänge